Impressum
Verlag: BABADADA GmbH, Nedderfeld 112 , 22529 Hamburg
Geschäftsführer / Verlagsleitung: Harald Hof
Druck: Books on Demand GmbH, In de Tarpen 42, 22848 Norderstedt

Imprint
Publisher: BABADADA GmbH, Nedderfeld 112 , 22529 Hamburg, Germany
Managing Director / Publishing direction: Harald Hof
Print: Books on Demand GmbH, In de Tarpen 42, 22848 Norderstedt

la salle de classe
σχολική τάξη

diviser
διαιρώ

186/2

le tableau noir
πίνακας

la cour de récréation
σχολική αυλή

l'enseignant
δάσκαλος

le papier
χαρτί

écrire
γράφω

le stylo
στυλό

le bureau
γραφείο

la règle
χάρακας

le livre
βιβλίο

l'élève
μαθητής

le sac d'école

σχολική τσάντα

la trousse

κασετίνα/ μολυβοθήκη

le crayon

μολύβι

le taille-crayon

ξύστρα

la gomme

γόμα

le carnet à dessin

μπλοκ ζωγραφικής

le dessin

ζωγραφική

le pinceau

πινέλο

la boîte de peinture

κουτί χρωμάτων

les ciseaux

ψαλίδι

la colle

κόλλα

le cahier d'exercices

τετράδιο ασκήσεων

les tâches

εργασία για το σπίτι

le chiffre

αριθμός

2+2

additionner

προσθέτω

5-2

soustraire

αφαιρώ

2×2

multiplier

πολλαπλασιάζω

calculer

υπολογίζω

A

la lettre

γράμμα

ABCDEFG HIJKLMN OPQRSTU VWXYZ

l'alphabet

αλφάβητο

le mot

λέξη

le texte

κείμενο

lire

διαβάζω

la craie

κιμωλία

la leçon

μάθημα

le livre de classe

εγγράφομαι

l'examen

τεστ

le certificat

πιστοποιητικό

l'uniforme scolaire

μαθητική στολή

la formation

εκπαίδευση

le lexique

εγκυκλοπαίδεια

l'université

πανεπιστήμιο

le microscope

μικροσκόπιο

la carte

χάρτης

la corbeille à papier

καλάθι αχρήστων

l'hôtel
ξενοδοχείο

l'auberge
ξενώνας

le bureau de change
ανταλλακτήρια συναλλάγματος

la valise
βαλίτσα

la voiture
αυτοκίνητο

la langue

γλώσσα

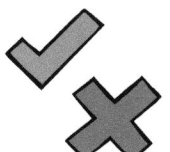

oui / non

ναι / όχι

d'accord

εντάξει

Salut

γεια σου

l'interprète

μεταφραστής

merci

Ευχαριστώ

Combien coûte...?

πόσο κάνει ;

Je ne comprends pas

Δε καταλαβαίνω

le problème

πρόβλημα

Bonsoir!

Καλησπέρα!

Bonjour!

Καλημέρα!

Bonne nuit!

Καληνύχτα!

Au revoir

Αντίο

la direction

κατεύθυνση

les bagages

αποσκευές

le sac

τσάντα

le sac-à-dos

σακίδιο πλάτης

l'hôte

καλεσμένος

la pièce

δωμάτιο

le sac de couchage

υπνόσακος

la tente

σκηνή

l'office de tourisme

τουριστικές πληροφορίες

la plage

παραλία

la carte de crédit

πιστωτική κάρτα

le petit-déjeuner

πρωινό

le déjeuner

μεσημεριανό

le dîner

δείπνο

le billet

εισιτήριο

l'ascenseur

ανελκυστήρας

le timbre

γραμματόσημο

la frontière

σύνορα

la douane

τελωνείο

l'ambassade

πρεσβεία

le visa

βίζα

le passeport

διαβατήριο

l'avion
αεροπλάνο

le navire
πλοίο

le véhicule de pompiers
πυροσβεστικό όχημα

le bus
λεωφορείο

le camion
φορτηγό

bateau à moteur
χανοκίνητο σκάφος

la bicyclette
ποδήλατο

la voiture
αυτοκίνητο

le ferry

φεριμπότ

la barque

βάρκα

la moto

μοτοσικλέτα

la voiture de police

περιπολικό

la voiture de course

αγωνιστικό αυτοκίνητο

la voiture de location

ενοικιαζόμενο αυτοκίνητο

l'autopartage
διαμοιρασμός αυτοκινήτων

la dépanneuse
γερανός

la benne à ordures
απορριμματοφόρο

le moteur
κινητήρας

l'essence
καύσιμο

la station d'essence
βενζινάδικο

le panneau indicateur
πινακίδα σήμανσης

le trafic
κυκλοφορία

l'embouteillage
κυκλοφοριακή συμφόρηση

le parking
χώρος στάθμευσης

la gare
σιδηροδρομικός σταθμός

les rails
σιδηροδρομικές γραμμές

le train
τρένο

le tram
τραμ

le wagon
βαγόνι

l'hélicoptère
ελικόπτερο

l'aéroport
αεροδρόμιο

la tour
πύργος

le passager
επιβάτης

le container
εμπορευματοκιβώτιο

le carton
χαρτοκιβώτιο

le chariot
καρότσι

la corbeille
καλάθι

décoller / atterrir
απογειώνομαι /
προσγειόνομαι

la ville

πόλη

le village
χωριό

le centre-ville
κέντρο της πόλης

la maison
σπίτι

le cinéma
σινεμά

la publicité
διαφήμιση

le réverbère
λάμπα δρόμου

la rue
οδός

le taxi
ταξί

le kiosque
ψιλικατζίδικο

le piéton
πεζός

le trottoir
πεζοδρόμιο

le passage piéton
διάβαση πεζών

la poubelle
κάδος απορριμμάτων

le carrefour
διασταύρωση

les feux de circulation
φανάρια

la cabane

καλύβα

l'appartement

διαμέρισμα

la gare

σιδηροδρομικός σταθμός

la mairie

δημαρχείο

le musée

μουσείο

l'école

σχολείο

l'université

πανεπιστήμιο

la banque

τράπεζα

l'hôpital

νοσοκομείο

l'hôtel

ξενοδοχείο

la pharmacie

φαρμακείο

le bureau

γραφείο

la librairie

βιβλιοπωλείο

le magasin

κατάστημα

le fleuriste

ανθοπωλείο

le supermarché

σούπερ μάρκετ

le marché

αγορά

le grand magasin

πολυκατάστημα

la poissonnerie

ιχθυοπωλείο

le centre commercial

εμπορικό κέντρο

le port

λιμάνι

le parc

πάρκο

la banque

παγκάκι

le pont

γέφυρα

les escaliers

σκάλες

le métro

μετρό

le tunnel

τούνελ

l'arrêt de bus

στάση λεωφορείου

le bar

μπαρ

le restaurant

εστιατόριο

la boîte à lettres

γραμματοκιβώτιο

le panneau indicateur

πινακίδα δρόμου

le parcomètre

παρκόμετρο

le zoo

ζωολογικός κήπος

le réverbère

πισίνα

la mosquée

τζαμί

la ferme

αγρόκτημα

la pollution

ρύπανση

le cimetière

νεκροταφείο

l'église

εκκλησία

l'aire de jeux

παιδική χαρά

le temple

ναός

le paysage

τοπίο

la feuille
φύλλο

le panneau indicateur
πινακίδα κατεύθυνσης

le chemin
δρόμος

le pré
λιβάδι

la pierre
πέτρα

l'arbre
δέντρο

le randonneur
πεζοπόρος

la rivière
ποτάμι

l'herbe
χορτάρι

la fleur
λουλούδι

la vallée
κοιλάδα

la montagne
λόφος

le lac
λίμνη

la forêt
δάσος

lc désert
έρημος

le volcan
ηφαίστειο

le château
κάστρο

l'arc-en-ciel
ουράνιο τόξο

le champignon
μανιτάρι

le palmier
φοίνικας

le moustique
κουνούπι

la mouche
μύγα

les fourmis
μυρμήγκι

l'abeille
μέλισσα

l'araignée
αράχνη

le scarabée

σκαθάρι

la grenouille

βάτραχος

l'écureuil

σκίουρος

le hérisson

σκαντζόχοιρος

le lapin

λαγός

la chouette

κουκουβάγια

l'oiseau

πουλί

le cygne

κύκνος

le sanglier

αγριογούρουνο

le cerf

ελάφι

l'élan

άλκη

le barrage

φράγμα

l'éolienne

ανεμογεννήτρια

le panneau solaire

ηλιακός συλλέκτης

le climat

κλίμα

le serveur
σερβιτόρος

le menu
κατάλογος

la chaise
καρέκλα

la soupe
σούπα

la pizza
πίτσα

les services
μαχαιροπίρουνα

la nappe
τραπεζομάντιλο

les hors d'œuvre
ορεκτικό

le plat principal
κύριο πιάτο

le dessert
επιδόρπιο

les boissons
ποτά

l'alimentation
φαγητό

la bouteille
μπουκάλι

le fast-food

φαστ φουντ

les plats à emporter

φαγητό στ' όρθιο

la théière

τσαγιέρα

le sucrier

δοχείο ζάχαρης

la portion

μερίδα

la machine à expresso

μηχανή εσπρέσο

la chaise haute

ψηλή καρέκλα

la facture

λογαριασμός

le plateau

δίσκος

le couteau

μαχαίρι

la fourchette

πιρούνι

la cuillère

κουτάλι

la cuillère à thé

κουταλάκι του τσαγιού

la serviette

πετσέτα φαγητού

le verre

ποτήρι

l'assiette
πιάτο

l'assiette à soupe
πιάτο σούπας

la soucoupe
πιατάκι φλιτζανιού

la sauce
σάλτσα

la salière
αλατιέρα

le moulin à poivre
μύλος για πιπέρι

le vinaigre
ξύδι

l'huile
λάδι

les épices
μπαχαρικά

le ketchup
κέτσαπ

la moutarde
μουστάρδα

la mayonnaise
μαγιονέζα

le supermarché
σούπερ μάρκετ

l'offre promotionnelle
προσφορά

le client
πελάτης

les produits laitiers
γαλακτοκομικά προϊόντα

les fruits
φρούτα

le caddie
καρότσι για ψώνια

la boucherie
κρεοπωλείο

la boulangerie
φούρνος

peser
ζυγίζω

les légumes
λαχανικά

la viande
κρέας

les aliments surgelés
κατεψυγμένα τρόφιμα

la charcuterie

αλλαντικά

les conserves

κονσερβοποιημένη τροφή

la poudre à lessive

απορρυπαντικό ρούχων

les bonbons

γλυκά

les articles ménagers

οικιακά είδη

les détergents

καθαριστικά προϊόντα

la vendeuse

πωλήτρια

la caisse

ταμείο

le caissier

ταμίας

la liste d'achats

λίστα για ψώνια

les heures d'ouverture

ωράριο λειτουργίας

le portefeuille

πορτοφόλι

la carte de crédit

πιστωτική κάρτα

le sac

τσάντα

le sac en plastique

πλαστική σακούλα

l'eau

νερό

le jus de fruit

χυμός

le lait

γάλα

le coca

κόκα κόλα

le vin

κρασί

la bière

μπίρα

l'alcool

αλκοόλ

le chocolat chaud

κακάο

le thé

τσάι

le café

καφές

l'expresso

εσπρέσο

le cappuccino

καπουτσίνο

la banane

μπανάνα

la pomme

μήλο

l'orange

πορτοκάλι

le melon

πεπόνι

le citron

λεμόνι

la carotte

καρότο

l'ail

σκόρδο

le bambou

μπαμπού

l'oignon

κρεμμύδι

le champignon

μανιτάρι

les noisettes

ξηροί καρποί

les pâtes

νουντλς

les spaghettis

μακαρόνια

le riz

ρύζι

la salade

σαλάτα

les frites

πατατάκια

les pommes de terre rôties

τηγανητές πατάτες

la pizza

πίτσα

le hamburger

χάμπουργκερ

le sandwich

σάντουιτς

l'escalope

κοτολέτα

le jambon

ζαμπόν

le salami

σαλάμι

la saucisse

λουκάνικο

le poulet

κοτόπουλο

le rôti

ψητό

le poisson

ψάρι

les flocons d'avoine

χυλός βρώμης

le muesli

μούσλι

les cornflakes

κορν φλέικς

la farine

αλεύρι

le croissant

κρουασάν

les petits-pains

ψωμάκι

le pain

ψωμί

le pain grillé

τοστ

les biscuits

μπισκότα

le beurre

βούτυρο

le fromage blanc

τυρόπηγμα

le gâteau

κέικ

l'œuf

αυγό

l'œuf au plat

τηγανητό αυγό

le fromage

τυρί

la glace

παγωτό

le sucre

ζάχαρη

le miel

μέλι

la confiture

μαρμελάδα

la crème nougat

άλλειμμα σοκολάτας

le curry

κάρυ

la ferme
αγρόσπιτο

la botte de paille
δεμάτι άχυρου

la grange
αχυρώνας

le champ
χωράφι

le cheval
αλόγο

la remorque
ρυμουλκούμενο

le poulain
πουλάρι

le tracteur
τρακτέρ

l'âne
γάιδαρος

le mouton
πρόβατο

l'agneau
αρνί

la chèvre

κατσίκα

la vache

αγελάδα

le veau

μοσχαράκι

le porc

γουρούνι

le porcelet

γουρουνάκι

le taureau

ταύρος

l'oie

χήνα

le canard

πάπια

le poussin

κοτοπουλάκι

la poule

κότα

le coq

κόκορας

le rat

αρουραίος

le chat

γάτα

la souris

ποντίκι

le bœuf

βόδι

le chien

σκύλος

le chenil

σπιτάκι σκύλου

le tuyau de jardin

λάστιχο κήπου

l'arrosoir

ποτιστήρι

la faucheuse

θεριστήρι

la charrue

αλέτρι

la faucille

δρεπάνι

la pioche

τσάπα

la fourche

δίκρανο

la hache

τσεκούρι

la brouette

χειράμαξα

la cuve

ταΐστρα

le pot à lait

δοχείο γάλακτος

le sac

σάκος

la clôture

φράχτης

l'étable

στάβλος

la serre

θερμοκήπιο

le sol

έδαφος

les semences

σπόρος

l'engrais

λίπασμα

la moissonneuse-batteuse

θεριζοαλωνιστική μηχανή

récolter

θερίζω

la récolte

συγκομιδή

l'igname

γιαμς

le blé

σιτάρι

le soja

σόγια

la pomme de terre

πατάτα

le maïs

καλαμπόκι

le colza

κράμβη

l'arbre fruitier

οπωροφόρο δέντρο

le manioc

μανιόκα

les céréales

δημητριακά

la cheminée
καμινάδα

le toit
στέγη

la gouttière
υδρορροή

la fenêtre
παράθυρο

le garage
γκαράζ

la sonnette
κουδούνι

la porte
πόρτα

la poubelle
σκουπιδοτενεκές

la boîte aux lettres
γραμματοκιβώτιο

le jardin
κήπος

le salon

σαλόνι

la chambre de bain

μπάνιο

la cuisine

κουζίνα

la chambre à coucher

υπνοδωμάτιο

la chambre d'enfant

παιδικό δωμάτιο

la salle à manger

τραπεζαρία

le sol

πάτωμα

le mur

τοίχος

le plafond

οροφή

la cave

κελάρι

le sauna

σάουνα

le balcon

μπαλκόνι

la terrasse

βεράντα

la piscine

πισίνα

la tondeuse à gazon

μηχανή του γκαζόν

la fourre de duvet

σεντόνι

la couette

κάλυμμα κρεβατιού

le lit

κρεβάτι

le balai

σκούπα

le sceau

κουβάς

l'interrupteur

διακόπτης

le papier peint
ταπετσαρία

l'image
φωτογραφία

la lampe
λάμπα

l'étagère
ράφι

l'armoire
ντουλάπι

la cheminée
τζάκι

la télé
τηλεόραση

la fleur
λουλούδι

le coussin
μαξιλάρι

le canapé
καναπές

le vase
βάζο

la télécommande
τηλεκοντρόλ

le tapis
χαλί

le rideau
κουρτίνα

la table
τραπέζι

la chaise
καρέκλα

la chaise à bascule
κουνιστή πολυθρόνα

le fauteuil
πολυθρόνα

le livre
βιβλίο

la couverture
κουβέρτα

la décoration
διακόσμηση

le bois de chauffage
καυσόξυλα

le film
ταινία

la chaîne hi-fi
στερεοφωνικό σύστημα

la clé
κλειδί

le journal
εφημερίδα

la peinture
πίνακας ζωγραφικής

le poster
αφίσα

la radio
ραδιόφωνο

le bloc-notes
σημειωματάριο

l'aspirateur
ηλεκτρική σκούπα

le cactus
κάκτος

la bougie
κερί

le frigo
ψυγείο

le four à micro-ondes
φούρνος μικροκυμάτων

la balance de cuisine
ζυγαριά κουζίνας

le toasteur
τοστιέρα

le détergent
απορρυπαντικό

le four
φούρνος

le compartiment congélateur
κατάψυξη

la poubelle
σκουπιδοτενεκές

le lave-vaisselle
πλυντήριο πιάτων

le four

κουζίνα

la casserole

κατσαρόλα

la marmite

μαντεμένια κατσαρόλα

le wok/kadai

γουόκ/καντάι

la poêle

τηγάνι

la bouilloire électrique

βραστήρας

le cuiseur vapeur

ατμομάγειρας

la plaque de cuisson

ταψί

la vaisselle

πιατικά

le gobelet

κούπα

le bol

μπολ

les baguettes

ξυλάκια

la louche

κουτάλα

la spatule

σπάτουλα

le fouet

ανακατεύω

la passoire

σουρωτήρι

le tamis

σουρωτηράκι

la râpe

τρίφτης

le mortier

γουδί

le barbecue

ψησταριά

la cheminée

ανοιχτή φωτιά

la planche à découper

σανίδα κοπής

le rouleau à pâtisserie

πλάστης

le tire-bouchon

ανοιχτήρι φελλών

la boîte

κονσέρβα

l'ouvre-boîte

ανοιχτήρι κονσέρβας

les maniques

γάντι φούρνου

le lavabo

νεροχύτης

la brosse

βούρτσα

l'éponge

σφουγγάρι

le mixeur

μπλέντερ

le congélateur

καταψύκτης

le biberon

μπιμπερό

le robinet

βρύση

le chauffage
θέρμανση

la douche
ντους

la serviette
πετσέτα

le rideau de douche
κουρτίνα ντουζ

le bain moussant
αφρόλουτρο

la baignoire
μπανιέρα

le verre
ποτήρι

la machine à laver
πλυντήριο ρούχων

le robinet
βρύση

le carrelage
πλακάκια

le pot
γιογιό

le lavabo
νεροχύτης

les toilettes
τουαλέτα

la toilette à la turque
τούρκικη τουαλέτα

le bidet
μπιντές

l'urinoir
ουρητήριο

le papier toilette
χαρτί υγείας

la brosse à toilette
πιγκάλ

la brosse à dents

οδοντόβουρτσα

le dentifrice

οδοντόκρεμα

le fil dentaire

οδοντικό νήμα

laver

πλένω

la douche manuelle

τηλέφωνο ντους

la douche intime

ντουσιέρα

la vasque

λεκάνη

la brosse dorsale

βούρτσα πλάτης

le savon

σαπούνι

le gel douche

αφρόλουτρο

le shampooing

σαμπουάν

le gant de toilette

φανέλα

l'écoulement

σιφόνι

la crème

κρέμα

le déodorant

αποσμητικό

le miroir

καθρέφτης

le miroir cosmétique

καθρέφτης χειρός

le rasoir

ξυραφάκι

la mousse à raser

αφρός ξυρίσματος

l'après-rasage

αφτερσέιβ

la peigne

χτένα

la brosse

βούρτσα

le sèche-cheveux

σεσουάρ

la laque pour cheveux

λακ

le fond de teint

μακιγιάζ

le rouge à lèvres

κραγιόν

le vernis à ongles

βερνίκι νυχιών

l'ouate

βαμβάκι

le coupe-ongles

ψαλίδι νυχιών

le parfum

άρωμα

la trousse de toilette

νεσεσέρ

le tabouret

σκαμπό

la balance

ζυγαριά

le peignoir

μπουρνούζι

les gants de nettoyage

ελαστικά γάντια

le tampon

ταμπόν

es serviettes hygiéniques

πετσέτα υγιεινής

la toilette chimique

χημική τουαλέτα

le réveil
ξυπνητήρι

le doudou
λούτρινο ζωάκι

la voiture jouet
αυτοκινητάκι

le hochet
κουδουνίστρα

la maison de poupée
κουκλόσπιτο

le cadeau
δώρο

le ballon

μπαλόνι

le lit

κρεβάτι

la poussette

καροτσάκι

le jeu de cartes

τράπουλα

le puzzle

παζλ

la bande dessinée

κόμικς

les pièces lego

τουβλάκια lego

les blocs de construction

τουβλάκια κατασκευών

la figurine

φιγούρα δράσης

la grenouillère

βρεφικό φορμάκι

le frisbee

φρίσμπι

le mobile

μόμπιλο

le jeu de société

επιτραπέζιο παιχνίδι

le dé

ζάρια

le train miniature

σετ τρενάκι

la sucette

πιπίλα

la fête

πάρτι

le livre d'images

εικονογραφημένο βιβλίο

la balle

μπάλα

la poupée

κούκλα

jouer

παίζω

le bac à sable

σκάμμα με άμμο

la balançoire

κούνια

les jouets

παιχνίδια

la console de jeu

κονσόλα βιντεοπαιχνιδιών

le tricycle

τρίκυκλο

l'ours en peluche

αρκουδάκι

l'armoire

ντουλάπα

les vêtements

ρούχα

les chaussettes

κάλτσες

les bas

καλτσοδέτες

le collant

καλσόν

l'écharpe
κασκόλ

le parapluie
ομπρέλα

lo t ohirt
μπλουζάκι

la ceinture
ζώνη

les bottes
μπότες

les pantoufles
παντόφλες

les baskets
αθλητικά παπούτσια

les sandales
σανδάλια

les chaussures
παπούτσια

les bottes de caoutchouc
γαλότσες

le linge de corps
εσώρουχο

le soutien-gorge
σουτιέν

le maillot de corps
φανέλα

le body

σώμα

le pantalon

παντελόνι

le jean

τζιν παντελόνι

la jupe

φούστα

le chemisier

μπλούζα

la chemise

πουκάμισο

le pull

πουλόβερ

le pull-over à capuche

πουλόβερ

la veste

σακάκι

la veste

μπουφάν

le manteau

παλτό

l'imperméable

αδιάβροχο πανωφόρι

le costume

κοστούμι

la robe

φόρεμα

la robe de mariée

νυφικό

le costume
κοστούμι

la chemise de nuit
νυχτικό

le pyjama
πιτζάμες

le sari
σάρι

le foulard
μαντήλι

le turban
τουρμπάνι

la burqa
μπούρκα

le caftan
καφτάνι

l'abaya
μουσουλμανικό ένδυμα

le maillot de bain
ολόσωμο μαγιό

le costume de bain
ανδρικό μαγιό

les cuissettes
σορτς

a tenue d'entraînement
αθλητική φόρμα

le tablier
ποδιά

les gants
γάντια

le bouton

κουμπί

les lunettes

γυαλιά

le bracelet

βραχιόλι

le collier

περιδέραιο

la bague

δαχτυλίδι

la boucle d'oreille

σκουλαρίκι

le bonnet

καπέλο

le cintre

κρεμάστρα

le chapeau

καπέλο

la cravate

γραβάτα

la fermeture éclair

φερμουάρ

le casque

κράνος

les bretelles

τιράντες

l'uniforme scolaire

μαθητική στολή

l'uniforme

στολή

le bavoir

σαλιάρα

la sucette

πιπίλα

la couche

πάνα

le bureau
γραφείο

le serveur
σέρβερ

l'armoire d'archivage
αρχειοθήκη

l'imprimante
εκτυπωτής

l'écran
οθόνη

le papier
χαρτί

le bureau
γραφείο

la souris
ποντίκι

le classeur
ντοσιέ

le clavier
πληκτρολόγιο

la corbeille à papier
καλάθι αχρήστων

l'ordinateur
υπολογιστής

la chaise
καρέκλα

la tasse à café

κούπα του καφέ

la calculatrice

κομπιουτεράκι

l'internet

ίντερνετ

l'ordinateur portable

λάπτοπ

la lettre

γράμμα

le message

μήνυμα

le portable

κινητό

le réseau

δίκτυο

la photocopieuse

φωτοτυπικό μηχάνημα

le logiciel

λογισμικό

le téléphone

τηλέφωνο

la prise

πρίζα

le fax

συσκευή φαξ

le formulaire

έντυπο

le document

έγγραφο

acheter

αγοράζω

payer

πληρώνω

marchander

συναλλάσσομαι

la monnaie

χρήματα

le dollar

δολάριο

l'euro

ευρώ

le yen

γιεν

le rouble

ρούβλι

le franc suisse

ελβετικό φράγκο

le renminbi yuan

ρενμίνμπι γιουάν

la roupie

ρουπία

le distributeur automatique

ATM (αυτόματη ταμειακή μηχανή)

le bureau de change

ανταλλακτήρια συναλλάγματος

l'or

χρυσός

l'argent

ασήμι

le pétrole

πετρέλαιο

l'énergie

ενέργεια

le prix

τιμή

le contrat

συμβόλαιο

la taxe

φόρος

l'action

μετοχή

travailler

δουλεύω

l'employé

υπάλληλος

l'employeur

εργοδότης

l'usine

εργοστάσιο

le magasin

κατάστημα

l'agent de police
αστυνόμος

le pompier
πυροσβέστης

le cuisinier
μάγειρας

le médecin
γιατρός

le pilote
πιλότος

le jardinier
κηπουρός

le menuisier
ξυλουργός

la couturière
μοδίστρα

le juge
δικαστής

le chimiste
χημικός

l'acteur
ηθοποιός

le conducteur de bus

οδηγός λεωφορείου

le chauffeur de taxi

ταξιτζής

le pêcheur

ψαράς

la femme de ménage

καθαρίστρια

le couvreur

τεχνίτης στεγών

le serveur

σερβιτόρος

le chasseur

κυνηγός

le peintre

ζωγράφος

le boulanger

αρτοποιός

l'électricien

ηλεκτρολόγος

l'ouvrier

οικοδόμος

l'ingénieur

μηχανολόγος

le boucher

κρεοπώλης

le plombier

υδραυλικός

le facteur

ταχυδρόμος

le soldat

στρατιώτης

l'architecte

αρχιτέκτονας

le caissier

ταμίας

le fleuriste

ανθοπώλης

le coiffeur

κομμωτής

le contrôleur

ελεγκτής εισιτηρίων

le mécanicien

μηχανικός

le capitaine

καπετάνιος

le dentiste

οδοντίατρος

le scientifique

επιστήμονας

le rabbin

ραβίνος

l'imam

ιμάμης

le moine

μοναχός

le prêtre

ιερέας

les professions - επαγγέλματα

55

les outils
εργαλεία

le marteau
σφυρί

les pinces
πένσα

le tournevis
κατσαβίδι

la clé
Γαλλικό κλειδί

la torche
φακός

la pelleteuse

εκσκαφέας

la boîte à outils

εργαλειοθήκη

l'échelle

σκάλα

la scie

πριόνι

les clous

καρφιά

la perceuse

τρυπάνι

réparer

επισκευάζω

la pelle

φτυάρι

Mince!

Να πάρει!

la pelle

φαράσι

le pot de peinture

δοχείο χρωμάτων

les vis

βίδες

les instruments de musique
μουσικά όργανα

la batterie
ντραμς

le haut-parleur
μεγάφωνο

la guitare
κιθάρα

la contrebasse
κοντραμπάσο

la trompette
τρομπέτα

le piano

πιάνο

le violon

βιολί

la basse

μπάσο

les timbales

τύμπανα

le tambour

τύμπανο

le piano électrique

πλήκτρα

le saxophone

σαξόφωνο

la flûte

φλάουτο

le microphone

μικρόφωνο

l'entrée
είσοδος

le tigre
τίγρης

la cage
κλουβί

le zèbre
ζέβρα

l'alimentation animale
ζωοτροφή

le panda
πάντα

les animaux

ζώα

l'éléphant

ελέφαντας

le kangourou

καγκουρό

le rhinocéros

ρινόκερος

le gorille

γορίλας

l'ours

αρκούδα

le chameau

καμήλα

l'autruche

στρουθοκάμηλος

le lion

λιοντάρι

le singe

πίθηκος

le flamand rose

φλαμίνγκο

le perroquet

παπαγάλος

l'ours polaire

πολική αρκούδα

le pingouin

πιγκουίνος

le requin

καρχαρίας

le paon

παγώνι

le serpent

φίδι

le crocodile

κροκόδειλος

le gardien de zoo

φύλακας ζωολογικού κήπου

le phoque

φώκια

le jaguar

τζάγκουαρ

le poney

πόνυ

le léopard

λεοπάρδαλη

l'hippopotame

ιπποπόταμος

la girafe

καμηλοπάρδαλη

l'aigle

αετός

le sanglier

αγριογούρουνο

le poisson

ψάρι

la tortue

χελώνα

le morse

θαλάσσιος ίππος

le renard

αλεπού

la gazelle

γαζέλα

l'american Football
Αμερικάνικο ποδόσφαιρο

le cyclisme
ποδηλασία

le tennis
αντισφαίριση

le basket-ball
μπάσκετ

la natation
κολύμβηση

la boxe
πυγχαμία

le hockey sur glace
χόκεϋ επί πάγου

le football

ποδόσφαιρο

le badminton

μπάντμιντον

l'athlétisme

στίβος

le handball

χάντμπολ

le ski

σκι

le polo

πόλο

sauter
πηδάω

rire
γελάω

embrasser
αγκαλιάζω

marcher
περπατάω

chanter
τραγουδάω

rêver
ονειρεύομαι

prier
προσεύχομαι

faire la bise
φιλάω

écrire

γράφω

dessiner

σχεδιάζω

montrer

δείχνω

pousser

πιέζω

donner

δίνω

prendre

παίρνω

avoir

έχω

faire

κάνω

être

είμαι

être debout

στέκομαι

courir

τρέχω

trier

τραβάω

jeter

ρίχνω

tomber

πέφτω

être couché

ξαπλώνω

attendre

περιμένω

porter

κουβαλώ

être assis

κάθομαι

s'habiller

φοράω

dormir

κοιμάμαι

se réveiller

ξυπνάω

regarder

κοιτάω

pleurer

κλαίω

caresser

χαϊδεύω

peigner

χτενίζω

parler

μιλάω

comprendre

καταλαβαίνω

demander

ρωτάω

écouter

ακούω

boire

πίνω

manger

τρώω

ranger

συγυρίζω

aimer

αγαπάω

cuire

μαγειρεύω

conduire

οδηγώ

voler

πετάω

les activités - δραστηριότητες

faire de la voile

κάνω ιστιοπλοΐα

calculer

υπολογίζω

lire

διαβάζω

apprendre

μαθαίνω

travailler

δουλεύω

se marier

παντρεύομαι

coudre

ράβω

se brosser les dents

βουρτσίζω τα δόντια

tuer

σκοτώνω

fumer

καπνίζω

envoyer

στέλνω

grand-mère
αγιά

le grand-père
παππούς

le père
πατέρας

la mère
μητέρα

le bébé
μωρό

la fille
κόρη

le fils
γιος

l'hôte

καλεσμένος

la tante

θεία

l'oncle

θείος

le frère

αδελφός

la sœur

αδελφή

le front
μέτωπο

l'œil
μάτι

l'épaule
ώμος

le doigt
δάχτυλο

le visage
πρόσωπο

le menton
πιγούνι

la main
χέρι

la poitrine
στήθος

la jambe
πόδι

le bras
βραχίονας

le bébé

μωρό

l'homme

άνδρας

la femme

γυναίκα

la fille

κορίτσι

le garçon

αγόρι

la tête

κεφάλι

le dos

πλάτη

le ventre

κοιλιά

le nombril

αφαλός

l'ortell

δάχτυλο ποδιού

le talon

φτέρνα

l'os

κόκκαλο

la hanche

γοφός

le genou

γόνατο

le coude

αγκώνας

le nez

μύτη

les fesses

γλουτός

la peau

δέρμα

la joue

μάγουλο

l'oreille

αυτί

la lèvre

χείλος

la bouche
στόμα

la dent
δόντι

la langue
γλώσσα

le cerveau
εγκέφαλος

le cœur
καρδιά

le muscle
μυς

les poumons
πνεύμονας

le foie
συκώτι

l'estomac
στομάχι

les reins
νεφρά

le rapport sexuel
σεξουαλική επαφή

le préservatif
προφυλακτικό

l'ovule
ωάριο

le sperme
σπέρμα

la grossesse
εγκυμοσύνη

la menstruation

περίοδος

le vagin

γυναικείος κόλπος

le pénis

πέος

le sourcil

φρύδι

les cheveux

μαλλιά

le cou

λαιμός

le corps - σώμα

l'hôpital
νοσοκομείο

l'ambulance
ασθενοφόρο

le fauteuil roulant
αναπηρικό καροτσάκι

la fracture
κάταγμα

le médecin

γιατρός

le service des urgences

μονάδα εντατικής θεραπείας

l'infirmière

νοσοκόμα

l'urgence

έκτακτη ανάγκη

inconscient

λιπόθυμος

la douleur

πόνος

la blessure

τραύμα

l'hémorragie

αιμορραγία

la crise cardiaque

έμφραγμα

l'attaque cérébrale

εγκεφαλικό

l'allergie

αλλεργία

la toux

βήχας

la fièvre

πυρετός

la grippe

γρίπη

la diarrhée

διάρροια

le mal de tête

πονοκέφαλος

le cancer

καρκίνος

le diabète

διαβήτης

le chirurgien

χειρουργός

le scalpel

νυστέρι

l'opération

εγχείρηση

le CT

αξονική τομογραφία

la radiographie

ακτινογραφία

l'échographie

υπέρηχος

le masque

μάσκα

la maladie

ασθένεια

la salle d'attente

αίθουσα αναμονής

la béquille

πατερίτσα

le pansement

χάνσαπλαστ

le pansement

επίδεσμος

l'injection

ένεση

le stéthoscope

στηθοσκόπιο

le brancard

φορείο

le thermomètre

θερμόμετρο

l'accouchement

γέννηση

le surpoids

υπέρβαρο

l'appareil auditif
ακουστικό βαρηκοΐας

le désinfectant
αντισηπτικό

l'infection
λοίμωξη

le virus
ιός

le VIH / le sida
HIV/AIDS

le médicament
φάρμακο

la vaccination
εμβολιασμός

les tablettes
δισκία

la pilule
χάπι

l'appel d'urgence
κλήση έκτακτης ανάγκης

le tensiomètre
πιεσόμετρο αίματος

malade / sain
άρρωστος / υγιής

Au secours!
Βοήθεια!

l'alarme
συναγερμός

l'agression
βιαιοπραγία

l'attaque
επίθεση

le danger
κίνδυνος

la sortie de secours
έξοδος κινδύνου

Au feu!
Φωτιά!

l'extincteur
πυροσβεστήρας

l'accident
ατύχημα

la trousse de premier
secours
κουτί πρώτων βοηθειών

SOS
SOS

la police
αστυνομία

l'Europe

Ευρώπη

l'Amérique du Nord

Βόρεια Αμερική

l'Amérique du Sud

Νότια Αμερική

l'Afrique

Αφρική

l'Asie

Ασία

l'Australie

Αυστραλία

l'Océan atlantique

Ατλαντικός Ωκεανός

l'Océan pacifique

Ειρηνικός Ωκεανός

l'Océan indien

Ινδικός Ωκεανός

l'Océan antarctique

Ανταρκτικός Ωκεανός

l'Océan arctique

Αρκτικός Ωκεανός

le Pôle nord

Βόρειος Πόλος

le Pôle sud

Νότιος Πόλος

l'Antarctique

Ανταρκτική

la terre

Γη

le pays

γη

la mer

θάλασσα

l'île

νησί

la nation

έθνος

l'état

πολιτεία

le cadran

καντράν ρολογιού

l'aiguille des heures

ωροδείκτης

l'aiguille des minutes

λεπτοδείκτης

l'aiguille des secondes

δείκτης δευτερολέπτων

Quelle heure est-il?

Τι ώρα είναι;

le jour

ημέρα

le temps

χρόνος

maintenant

τώρα

la montre digitale

ψηφιακό ρολόι

la minute

λεπτό

l'heure

ώρα

lundi
Δευτέρα

mercredi
Τετάρτη

vendredi
Παρασκευή

mardi
Τρίτη

samedi
Σάββατο

jeudi
Πέμπτη

dimanche
Κυριακή

hier

χθες

aujourd'hui

σήμερα

demain

αύριο

le matin

πρωί

le midi

μεσημέρι

le soir

βράδυ

les jours ouvrables

εργάσιμες ημέρες

le week-end

Σαββατοκύριακο

l'arc-en-ciel
ουράνιο τόξο

la pluie
βροχή

la neige
χιόνι

le vent
άνεμος

le printemps
άνοιξη

l'automne
φθινόπωρο

l'été
καλοκαίρι

l'hiver
χειμώνας

la météo

πρόγνωση καιρού

le thermomètre

θερμόμετρο

la lumière du soleil

λιακάδα

le nuage

σύννεφο

le brouillard

ομίχλη

l'humidité

υγρασία

la foudre

αστραπή

le tonnerre

κεραυνός

la tempête

καταιγίδα

la grêle

χαλάζι

la mousson

μουσώνας

l'inondation

πλημμύρα

la glace

πάγος

janvier

Ιανουάριος

février

Φεβρουάριος

mars

Μάρτιος

avril

Απρίλιος

mai

Μάιος

juin

Ιούνιος

juillet

Ιούλιος

août

Αύγουστος

l'année - έτος

septembre

Σεπτέμβριος

octobre

Οκτώβριος

novembre

Νοέμβριος

décembre

Δεκέμβριος

les formes

σχήματα

le cercle

κύκλος

le carré

τετράγωνο

le rectangle

ορθογώνιο
παραλληλόγραμμο

le triangle

τρίγωνο

la sphère

σφαίρα

le cube

κύβος

blanc

άσπρο

jaune

κίτρινο

orange

πορτοκαλί

rose

ροζ

rouge

κόκκινο

violet

μωβ

bleu

μπλε

vert

πράσινο

marron

καφέ

gris

γκρι

noir

μαύρο

beaucoup / peu

πολύ / λίγο

fâché / calme

θυμωμένος / ήρεμος

joli / laid

όμορφος / άσχημος

le début / la fin

αρχή / τέλος

grand / petit

μεγάλος / μικρός

clair / obscure

φωτεινός / σκοτεινός

le frère / la sœur

αδελφός / αδελφή

propre / sale

καθαρός / λερωμένος

complet / incomplet

πλήρης / ατελής

le jour / la nuit

ημέρα / νύχτα

mort / vivant

νεκρός / ζωντανός

large / étroit

φαρδύς / στενός

comestible / incomestible

βρώσιμος / μη βρώσιμος

méchant / gentil

κακός / ευγενικός

excité / ennuyé

ενθουσιασμένος / βαριεστημένος

gros / mince

παχύς / λεπτός

le premier / le dernier

πρώτος / τελευταίος

l'ami / l'ennemi

φίλος / εχθρός

plein / vide

γεμάτος / άδειος

dur / souple

σκληρός / μαλακός

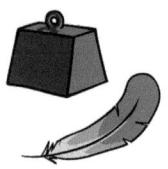

lourd / léger

βαρύς / ελαφρύς

faim / soif

πείνα / δίψα

malade / sain

άρρωστος / υγιής

illégal / légal

παράνομος / νόμιμος

intelligent / stupide

έξυπνος / χαζός

gauche / droite

αριστερός / δεξιός

proche / loin

κοντινός / μακρινός

nouveau / usé

καινούριος / μεταχειρισμένος

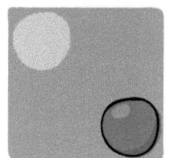

rien / quelque chose

τίποτα / κάτι

vieux / jeune

γέρος | νέος

marche / arrêt

αναμμένος / σβηστός

ouvert / fermé

ανοιχτός / κλειστός

faible / fort

χαμηλόφωνος / μεγαλόφωνος

riche / pauvre

πλούσιος / φτωχός

correct / incorrect

σωστός / λανθασμένος

rugueux / lisse

τραχύς / λείος

triste / heureux

υπημένος / χαρούμενος

court / long

κοντός / μακρύς

lent / rapide

αργός / γρήγορος

mouillé / sec

υγρός / στεγνός

chaud / froid

ζεστός / δροσερός

la guerre / la paix

πόλεμος / ειρήνη

les oppositions - αντίθετα

0

zéro

μηδέν

1

un

ένα

2

deux

δύο

3

trois

τρία

4

quatre

τέσσερα

5

cinq

πέντε

6

six

έξι

7

sept

εφτά

8

huit

οκτώ

9

neuf

εννιά

10

dix

δέκα

11

onze

έντεκα

12
douze
δώδεκα

13
treize
δεκατρία

14
quatorze
δεκατέσσερα

15
quinze
δεκαπέντε

16
seize
δεκαέξι

17
dix-sept
δεκαεφτά

18
dix-huit
δεκαοκτώ

19
dix-neuf
δεκαεννέα

20
vingt
είκοσι

100
cent
εκατό

1.000
mille
χίλια

1.000.000
le million
εκατομμύριο

l'anglais

Αγγλικά

l'anglais américain

Αμερικάνικα Αγγλικά

le chinois mandarin

Μανδαρίνικα Κινέζικα

le hindi

Χίντι

l'espagnol

Ισπανικά

le français

Γαλλικά

l'arabe

Αραβικά

le russe

Ρώσικα

le portugais

Πορτογαλικά

le bengali

Μπενγκάλι

l'allemand

Γερμανικά

le japonais

Ιαπωνικά

je

εγώ

tu

εσύ

il / elle

αυτός / αυτή / αυτό

nous

εμείς

vous

εσείς

ils / elles

αυτοί / αυτές / αυτά

qui?

ποιος / ποια / ποιο;

quoi?

τι;

comment?

πώς;

où?

πού;

quand?

πότε;

le nom

όνομα

derrière

πίσω

dans

μέσα

devant

μπροστά

au-dessus

πάνω από

sur

πάνω

en-dessous

κάτω

à côté de

δίπλα

entre

ανάμεσα

le lieu

μέρος